Contraste insuffisant
NF Z 43-120-14

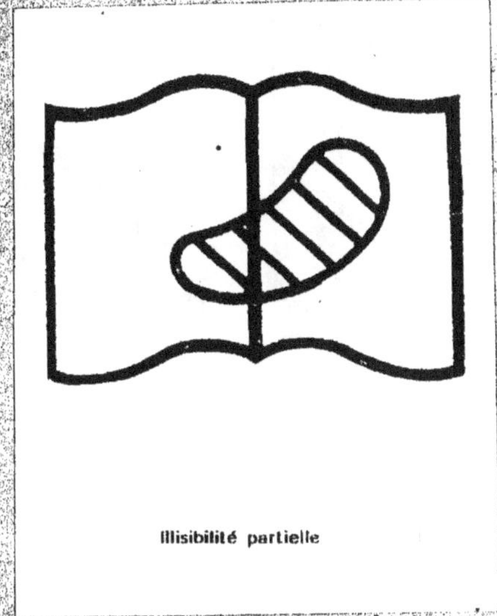

Illisibilité partielle

Valable pour tout ou partie
du document reproduit

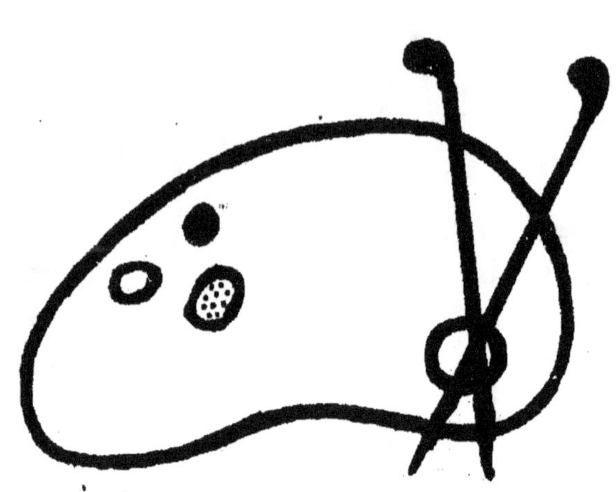

Original en couleur

NF Z 43-120-8

DU CHANOINE ULYSSE CHEVALIER

LE

Saint Suaire

de Turin

HISTOIRE D'UNE RELIQUE

EXTRAIT DES " ÉTUDES HISTORIQUES ET RELIGIEUSES DU DIOCÈSE DE BAYONNE "

PARIS
ALPHONSE PICARD, LIBRAIRE, 82, RUE BONAPARTE
1902

ENCORE LE SAINT SUAIRE DE TURIN

M. le chanoine Ulysse Chevalier ne croit pas utile de répondre à la lettre de M. Edouard Tauzin, insérée dans le dernier n° des *Études* et tendant à infirmer ses conclusions au sujet de la modernité de la fameuse relique Turinoise. Ce ne sont pas les discussions, mais les faits qui peuvent faire avancer une semblable question : en tout cas, pour être utile, la discussion doit être concentrée entre gens ayant une compétence spéciale. Le Suaire doit être examiné au triple point de vue historique, scripturaire et scientifique. La question scripturaire vient d'être traitée à fond dans la *Quinzaine* par M. P. Bouvier (1er juil., p. 20-32) ; la question physico-chimique plus à fond encore par M. F. de Mély : *Le Saint-Suaire de Turin est-il authentique ? Les représentations du Christ à travers les âges* (Paris, Poussielgue, in-8° de 96 p. et 52 fig.) M. Chevalier s'est localisé dans l'histoire de la relique : il n'est pas facile d'exposer équitablement ses arguments, surtout quand on y est opposé. Il a donc demandé à M. l'abbé Dubarat de reproduire le résumé qu'il a formulé récemment dans la revue *l'Art et l'Autel,* en y intercalant divers textes insérés par lui dans *l'Intermédiaire des Chercheurs.*

Mais, avant de donner la parole à M. Chevalier, il me paraît utile de faire sur cette controverse des réflexions que les tenants de M. Vignon se gardent bien de communiquer à leurs lecteurs. Jamais, de mémoire d'homme, une question d'ordre scientifique n'avait autant passionné la presse. Le nombre des articles parus sur cet incident doit dépasser trois mille, à l'heure qu'il est. Leur collection, facile à réunir à l'aide des agences l'*Argus de la Presse* ou le *Courrier de la Presse,* ne donne pas une haute idée du pouvoir de la presse pour instruire le public et faire avancer la science. Le premier feu commença, pendant toute une semaine — avant même l'apparition du livre de M. Vignon — par la reproduction plus ou moins textuelle d'un résumé fait par l'auteur lui-même. Sauf de rares exceptions, aucun rédacteur ne cita les travaux historiques de M. Chevalier sur la question : il ne s'agissait point cependant d'une quantité négligeable. On serait en peine de citer un historien sérieux qui n'ait adhéré aux conclusions du savant chanoine. L'Académie des Inscriptions a attribué, l'année dernière, une médaille de 1,000 francs à son *Étude critique sur le Suaire de Turin :* rapporteur et président de l'académie (tous deux catholiques) ont été durs pour ses contradicteurs. Il y a quelques semaines, la même académie ayant à décerner pour la première fois le prix Estrade-Delcros (de 8,000 fr.) et ayant à choisir entre des centaines de candidats français et étrangers, l'a donné à M. Chevalier, et cela par 40 suffrages sur 41. Pour ceux qui savent combien d'habitude les voix des académiciens sont partagées (ainsi à la séance précédente M. Noël Valois avait été nommé membre titulaire par 17 voix sur 33), cette quasi-unanimité est significative : la question du Suaire n'a pas été étrangère à la produire, bien qu'on ait couronné l'ensemble des travaux historiques du lauréat. Pas un membre de la dite académie n'a manifesté de sympathie à la cause de M. Vignon. Et qu'on ne mette pas en avant pour certains la question religieuse : M. Delage, patron de M. Vignon à l'académie des sciences, a protesté dans la *Revue scientifique* être tout ce qu'il y a de plus antireligieux. Croit-on que l'excellent Léon Gautier, de bien chrétienne mémoire, eût garanti de son nom et de son autorité l'authenticité du Suaire? Parmi ces immortels, il en est un dont la présente année aura vu célébrer le triple cinquantenaire, à l'Ecole des Chartes, à la Société des antiquaires de France et à la Bibliothèque nationale : M. Léopold Delisle. Savant aussi éminent que modeste, membre de l'Académie des Inscriptions à 31 ans, il a débuté par des chefs-d'œuvre d'érudition et n'a cessé chaque année d'enrichir le domaine de l'histoire du moyen âge de travaux qui le font reconnaître comme un des maîtres de la science et de l'érudition en Europe. Or ce savant, dont on n'a jamais pris en défaut l'information ou le jugement, fit en novembre 1900, dans le *Journal des Savants,* acte complet d'adhésion aux conclusions de M. Chevalier sur l'époque tardive de la confection du Suaire de Turin. Il y a plus : à la séance des Inscriptions qui suivit celle de l'Académie des sciences où M. Delage présenta les découvertes de M. Vignon, M. Delisle protesta, au nom de plusieurs de ses collègues, que jusqu'ici on n'avait rien produit de concluant contre M. Chevalier. Cette protestation a une grande portée, qui n'a échappé qu'à ceux qui sont étrangers à ces matières. Objecter que l'Académie peut se tromper serait une naïveté : qu'on cite le cas où tous ses membres ont erré simultanément ! Le travail de M. Chevalier est d'autant plus discuté que ceux qui se donnent cette facile satisfaction sont moins désignés par leur position scientifique pour ce faire. De l'ensemble des articles qui paraissent encore journellement sur la question, il ressort à l'évidence qu'on *veut* que le Suaire soit authentique et, comme corollaire, que la critique historique reçoive une leçon. Si les arguments qui militent contre la relique de Turin étaient en sa faveur, quel triomphe ! On trouverait encore de nos jours de crédules catholiques pour contredire le bollandiste Papebrock, qui contesta aux Carmes le droit de faire remonter l'origine de leur ordre au patriarche Elie. La postérité constatera dans cette affaire du Suaire de Lirey une anomalie étrange. On convient qu'au moyen âge on a eu une crédulité robuste à l'authenticité de reliques invraisemblables : les faux commis en cette matière sont innombrables. Or, voici que des évêques et un pape du XIVᵉ siècle contestent la vérité de l'une d'elles. Au XIXᵉ on commence à traiter de faux les pièces qui le constatent, puis en désespoir de cause on nie leur véracité. N'est-ce pas étrange, comme l'a fait remarquer une revue, que ces évêques du moyen âge aient été plus clairvoyants que ceux de notre temps ? Pour faire la contre-épreuve, retournons les termes : supposons que pour authentiquer la relique en question, on ait fabriqué au XVIᵉ siècle une série de pièces fausses, elles auraient de nos jours pour défenseurs bon nombre de ceux qui attaquent les vraies. Il ne suffit pas de parler d'impartialité pour être impartial, ou plutôt les vrais savants ne s'attribuent aucune vertu. Dans une interview qui a fait le tour de la presse, Mᵍʳ l'archevêque de Turin a livré à son interlocuteur (Emilio, du *Figaro*) les raisons que son impartialité lui faisait un devoir d'admettre comme concluantes en faveur de l'authenticité de la relique. L'une des principales sont les trous laissés par les clous dans les poignets et non dans les mains. Cette hypothèse a contre elle l'Ancien et le Nouveau Testament, sans parler des stigmatisés. On pouvait déjà trouver étrange qu'un prince de l'Eglise sacrifiât de pareilles autorités ; mais on pouvait supposer M. Vignon suffisamment autorisé par des expériences concluantes : or, des médecins belges connus de M. le chan. van Steenkiste viennent de constater que la main d'un cadavre percée d'un clou peut supporter 100 kilos, sans compter que les mains du crucifié n'avaient pas à porter le poids du corps.

A l'étranger, l'appréciation des savants a été complètement favorable à M. Chevalier. L'approbation sans réserve que lui ont donnée les Bollandistes dans leurs *Analecta* a été trop retentissante pour qu'il soit superflu d'y revenir. Dernièrement encore, ils ont déclaré péremptoire la réfutation du livre de leur confrère le P. Sanna Solaro. Un des historiens qui font le plus d'honneur à l'Eglise, M. Godefroid Kurth, professeur à l'Université de Liège, écrivait à l'auteur de l'*Étude critique* : « Je vous félicite..., je me range sous votre bannière, ayant moi-même à soutenir ici des combats non moins pénibles contre les zélateurs qui croient défendre la religion en la compromettant ».

Que pense-t-on de M. Chevalier et de son œuvre à Rome ? Les informations ne nous font point défaut, mais il faut savoir se restreindre. Tout d'abord l'*Étude critique* a été déférée à la congrégation de l'Index. Quand ? peu après son apparition. Par qui ? je pourrais nommer l'ex-professeur à l'Université catholique de Lille qui a cru devoir rendre ce service à son confrère de Lyon. Le résultat n'a pas été celui que sa charité attendait. Le rapporteur, M. Parocchi, a déclaré le livre irréprochable *(incensurabile)*. A Rome, le jour même où devait avoir lieu la présentation de la thèse Vignon à l'académie des sciences, un des principaux membres du S. Collège faisait visite à un prélat, qui tient de près à l'Institut, et lui temoignait son étonnement que la savante compagnie daignât écouter de pareilles sottises. A cinq jours de là, il revenait triomphant, une dépêche à la main, qui lui annonçait la protestation de M. Delisle. On considère l'affaire Vignon-Delage comme pouvant être compromettante et on a fait savoir à l'archevêque de Turin que s'il procédait à l'authentification de la relique, ce serait sous sa propre responsabilité, sans engagement par le Saint-Siège.

Il est un peu étrange que les tenants de l'authenticité s'accommodent d'hypothèses qui n'ont pas été vérifiées et veulent les faire tenir pour prouvées. M. Vignon n'a jamais vu le Suaire. Or, il comprenait si bien la nécessité pour son travail d'examiner la pièce elle-même que chez M. Chevalier, en août dernier, il protesta, en présence de Mgr Enard, évêque de Cahors, ne rien vouloir publier avant d'avoir tenu entre ses mains la fameuse relique. Il était alors en instance pour obtenir l'autorisation, ainsi qu'il le raconta. Il aurait intéressé à l'affaire M. Waldeck-Rousseau, lequel écrivit à l'ambassadeur, M. Barrère, d'essayer d'obtenir l'autorisation nécessaire du roi. C'est la reine-mère, Marguerite, qui s'y est absolument refusée : il n'est donc pas exact de dire qu'elle a poussé à la campagne. Inutile de chercher à M. Vignon un autre mobile que celui de faire apprécier ses aptitudes scientifiques par le monde entier. Il est superflu de faire remarquer combien ce refus non motivé est défavorable à l'authenticité ! Un prêtre spirituel de Turin n'avait-il pas dit, en 1898, que l'ostension avait pour but d'enlever aux plus crédules leur conviction ? Ce qui ressort de certaines feuilles religieuses, c'est la satisfaction qu'on éprouve à faire toucher du doigt à certaines gens que les thèses historiques les mieux documentées peuvent être fausses (*L'Ami du Clergé*, p. 587). On convient que ce n'est pas chose faite, mais on espère qu'elle le sera sous peu. Le pieux désir de posséder l'image authentique du Christ est certes légitime : un protestant de marque, M. Frank Puaux, vient de l'exprimer *(Revue chrétienne,* p. 34) ; mais il ne doit pas faire perdre ses droits à la froide raison, qui apprécie les choses, non comme l'imagination ou la piété les désirent, mais comme elles sont. Après ce long préambule, je laisse la parole à M. Chevalier et à ses documents, dont la véracité n'est pas difficile à établir et dont l'interprétation ne prête pas à erreurs.

Abbé J.-B. MARTIN,
professeur d'archéologie.

LE SAINT SUAIRE DE TURIN

HISTOIRE D'UNE RELIQUE

Simple représentation du Christ dans son linceul au milieu du quatorzième siècle, relique insigne et réputée authentique à la fin du quinzième, le Suaire de Turin a joui en paix, depuis lors, de sa renommée et attiré périodiquement les foules pieuses. En 1898, à l'occasion d'une exposition d'art sacré organisée dans l'ancienne capitale du Piémont, il se fit une nouvelle ostension de la relique, et le roi d'Italie autorisa, après quelques hésitations, un amateur, M. Secondo Pia, à la photographier. A l'encontre du fait normal ordinaire, l'impression du linge fit l'office de négatif et donna directement une image positive. On parla bien vite de miracle. Les gens sérieux cherchèrent au phénomène une explication naturelle, qui justifiât en même temps le renom du Suaire d'avoir servi à l'ensevelissement du Christ. Je quittai Turin le jour même (28 mai) où la photographie avait réussi, et l'événement faisait déjà grand bruit. A peu de jours de là, un mot lâché au cours d'une conversation par un de mes amis me reporta à deux articles de l'abbé LALORE sur l'histoire « de l'image du Saint Suaire de Jésus-Christ, primitivement à Lirey (Aube) et maintenant à Turin », publiés en 1878 dans la *Revue catholique du diocèse de Troyes* : c'était une pierre d'attente, qui pouvait devenir un édifice respectable. Faute de renseignements plus explicites et plus complets, je me bornai d'abord à réimprimer ce court « historique », mais en publiant le texte du document principal et corroborant son authenticité. Le pro-vicaire général de Turin, Mgr COLOMIATTI, soumit cette petite brochure de 31 pages à une dissection canonico-théologique dans la *Revue des sciences ecclésastiques* : il me fut facile de montrer, dans le même périodique, l'inanité des chicanes soulevées. M. A. LOTH, rédacteur à *la Vérité française*, reprit la question photographique ; il croyait, en outre, pouvoir échapper aux faits historiques mis en lumière. Je repris la plume pour faire, à l'aide de documents originaux, découverts à la Bibliothèque nationale et aux archives de l'Aube, toute l'histoire de la fameuse relique. Il suffira de me résumer, en ajoutant plusieurs faits.

Pour procéder avec méthode, il y avait lieu de rechercher tout d'abord les anciens textes relatifs à des suaires qui ont une attache avec la Palestine ou Constantinople, puis de faire l'histoire de celui de Lirey à l'aide des documents et des chroniqueurs contemporains ; après avoir établi que, dès son origine, par prescriptions des évêques et des papes, il fut montré aux fidèles comme une simple peinture, on pourra suivre la faveur progressive du culte qui lui fut rendu.

L'étude des conditions spéciales dans lesquelles se fit l'ensevelissement du Christ, d'après les Évangiles canoniques et autres, devrait servir de préambule à ces recherches : il y aura lieu d'en faire l'objet d'un article séparé. S'il est établi que le corps de Jésus fut lavé et serré par des bandelettes, la thèse de M. Vignon, présentée récemment à l'Académie des sciences, sera ruinée par la base.

Constatons tout d'abord ce fait, que personne n'a cherché à élucider et sur lesquels les partisans de l'authenticité du Suaire de Turin font volontiers le silence : le Nouveau Testament et la Patrologie tout entière sont muets sur une empreinte que le Christ mort aurait laissée sur le linceul dans lequel il fut enseveli. Il y a mieux encore que cet argument négatif, qui tire cependant une force invincible de son universalité. Au chapitre II (consacré à l'apôtre saint Jacques) de son livre *De viris inlustribus,* saint JÉRÔME cite cette phrase de l'Évangile aux Hébreux, traduit par lui de l'araméen : *Dominus autem, cum dedisset sindonem servo sacerdotis, ivit ad Jacobum et apparuit ei* (édit. RICHARDSON, p. 8). La portée de ce texte pour notre question est indépendante de l'exactitude du fait de la donation par le Seigneur de son suaire à l'esclave du (grand ?) prêtre. Il en ressort que l'existence d'un suaire à figure était inconnue à la fin du deuxième siècle, époque de la composition de cet Évangile, et en 392, date du *De viris inlustribus.* Saint Jérôme, que l'Église a toujours considéré comme le plus grand interprète des Écritures, ne pouvait ignorer un fait de cette importance et il avait l'occasion de le signaler. S'il l'a tu, nous avons le droit de le tenir pour controuvé.

Dans son pamphlet contre les chrétiens, écrit entre 160 et 170, le philosophe Celse les avait accusés « d'adorer un homme petit, laid et de basse extraction, comme on dit ». En le réfutant, vers l'an 249, Origène fit remarquer que ni les Évangiles, ni les Apôtres n'avaient indiqué que Jésus eût manqué de beauté : le passage d'Isaïe, visé par Celse, ne doit pas être pris au sens physique. Les Écritures, ajoute-t-il, ne marquent pas clairement que Jésus ait été de petite taille (I. VI, n. 75-6). Au second siècle donc on disait que le Christ avait été petit et laid, et au troisième le docteur Alexandrin se retranchait derrière le silence du Nouveau Testament, sans invoquer l'image du Suaire qu'il ignorait.

Au commencement du V⁰ siècle, saint Augustin n'en savait pas davantage ; on peut l'inférer en toute certitude de ces paroles de son traité *De Trinitate* (I. VIII, c. ɪᴠ, n. 17) : *Ipsius dominicæ facies carnis innumerabilium cogitationum diversitate variatur et fingitur, quæ tamen una erat, quæcumque erat.* Il n'y avait donc pas de type traditionnel de la figure de Jésus, que l'image du Suaire aurait fourni et que le docteur d'Hippone ignorait à son tour.

Saint Jérôme encore, après avoir raconté dans une de ses lettres que les Juifs vénéraient le Saint des Saints, ajoute : *Nonne tibi venerabilius videtur sepulchrum Domini ? quod quotiescunque ingredimur, toties jacere in Syndone cernimus Salvatorem et paululum ibidem commorantes rursum videmus angelum sedere ad pedes ejus, et ad caput Sudarium convolutum.* Outre que ce texte (que vient de me signaler obligeamment M. Frank Puaux) ne fait aucune allusion à un Suaire à image, il distingue le *Sindon* du corps, du *Sudarium* de la tête, lequel aurait dû recevoir avant lui l'impression de la figure.

Du dernier tiers du septième siècle à l'année 1451, j'ai retrouvé au plus quatorze textes, qui concernent les uns le suaire de la tête, les autres le linceul ou les linges. La poursuite de ces reliques dans leurs pérégrinations et leur identification actuelle ne sont point chose aisée. Le comte Riant croit pouvoir « demander que l'authenticité d'une relique de premier ordre, solennellement offerte à la vénération des fidèles, soit établie par *une chaîne non interrompue* de témoignages écrits, recueillant directement l'héritage de la tradition des temps apostoliques, pour nous la transmettre sans lacune ». Il exigeait « une rigueur encore plus grande dans la *continuité* des preuves écrites... lorsqu'il s'agit... d'une relique multiple, c'est-à-dire d'un objet sacré partageant avec plusieurs autres le nom sous lequel ils sont tous également vénérés... »

Le nombre des suaires connus atteint la quarantaine : je laisse à M. de Mély le soin de donner une description de chacun d'eux et d'indiquer les autorités qui attestent son existence.

Les partisans de l'authenticité du Suaire de Turin cherchent à tirer profit des textes antérieurs au quatorzième siècle. Dans une réponse au P. Sanna Solaro j'ai montré (p. 17) le mal fondé du procédé. C'est surtout le chroniqueur Robert de Clary (1203) qu'on invoque : le monastère des Blachernes possédait un Suaire à image, qui disparut lors de la prise de Constantinople par les croisés ; ni Grecs ni Français ne surent ce qu'il était devenu. Les tenants du Suaire de Turin croient le savoir : il « *dut* être remis à Garnier de Trainel, évêque de Troyes, dispensateur suprême des reliques conquises par les croisés. L'envoya-t-il à son église avec les autres joyaux dont la vénération contribua à la reconstruction de sa cathédrale (commencée en 1208) ? Non, dit le P. S. S. Voulut-il la rapporter lui-même ou la tint-il cachée pour éviter les justes réclamations de l'empereur Baudouin et des autres princes ? il ne sait. Avec l'évêque de Troyes se trouvaient à Constantinople plusieurs de ses parents, appartenant aux familles de Champlitte, de Vergy et de Chappes : *or*, un Champlitte était apparenté à un Charny ; *donc*, à la mort de l'évêque de Troyes, le Suaire passa par un Champlitte aux Charny, puisqu'on le retrouve plus tard dans cette famille. D'ailleurs, suivant une note envoyée à l'auteur par le vicomte de Poli, Hugues de Mont-Saint-Jean et Charny *a pu* se trouver à la prise de Constantinople ».

Voilà, ajoutais-je, comment on croit avoir prouvé, par une série d'hypothèses qu'aucun document ne justifie, que le Suaire de Turin est venu de l'Orient et qu'il remonte aux premiers âges de l'Église ! Il y a d'ailleurs à cette supposition gratuite « des impossibilités morales. Comment l'évêque de Troyes, s'il a eu à sa libre disposition une relique de premier ordre, comme aurait été le Saint Suaire, n'en a-t-il pas gratifié sa cathédrale ou un autre sanctuaire vénéré, au lieu de l'abandonner à un obscur seigneur champenois ? Comment a-t-on fait de la transmettre en Occident, sans munir le porteur d'une attestation en règle de son authenticité, suivant l'usage ? Comment surtout la relique, parvenue à destination, a-t-elle pu demeurer ignorée pendant cent cinquante ans, sans être l'objet d'aucun culte ? Non moins précieux que la couronne d'épines, ce divin linceul aurait dû produire, à son arrivée, ces explosions de dévotion exhubérante qui accueillirent en France les joyaux enlevés aux sanctuaires de la nouvelle Rome et dont les chroniqueurs nous ont transmis l'émouvant souvenir ».

Abandonnons les temps préhistoriques du Suaire de Turin et venons aux documents positifs. Le 20 juin 1353, Geoffroy Ier de Charny, seigneur de Savoisy et de Lirey, fondait dans cette dernière localité une collégiale pour six chanoines. Le pape Innocent VI approuva le nouvel établissement, le 30 janvier 1354 ; par trois autres bulles, données le mois suivant, il le constitua d'une manière définitive et l'enrichit de droits et de privilèges. L'année même de sa mort (1356), le 23 mai, Geoffroy ajouta deux clauses à sa fondation ; le 28, l'évêque de Troyes, Henri de Poitiers, la confirma avec éloges. Enfin, le 5 juin 1357, à Avignon, douze évêques lui accordèrent une bulle d'indulgences. Dans ces huit documents primordiaux, il n'est *pas question* de la relique insigne qui devait bientôt valoir à la jeune collégiale une certaine célébrité : elle n'a donc pas été érigée pour recevoir le Suaire. Cependant cette image semble bien lui avoir été donnée par Geoffroy. D'où venait-elle? On a deux versions discordantes provenant des héritiers. Au dire de Geoffroy II, son père l'avait reçue en cadeau ; Marguerite, sa fille, affirma par contre que son grand-père en avait fait la conquête. Ces données contradictoires et vagues montrent que les premiers possesseurs (non légendaires) étaient loin d'être fixés sur l'origine de la relique ou qu'ils voulaient dissimuler sa fabrication récente.

L'ostension du Suaire attira bientôt de partout les foules et les aumônes. L'évêque de Troyes, dont on avait oublié de demander l'autorisation, tint conseil à ce sujet : des théologiens lui firent remarquer que les évangélistes n'auraient pas manqué de mentionner l'empreinte du Sauveur sur le Suaire dans lequel il avait été enseveli, si elle s'était produite, et qu'un fait de cette importance n'aurait pu d'ailleurs rester jusqu'ici ignoré des évêques : tout ce mouvement devait être attribué à la cupidité du doyen, qui, pour accroître l'empressement des fidèles, avait fait colporter le récit de faux miracles, soi-disant obtenus par des gens soudoyés ; on finit d'ailleurs par obtenir la confession du peintre qui avait artistement confectionné le Suaire. De ce fait capital, il convient de donner les termes originaux : *Reperit fraudem et quomodo pannus ille artificialiter depictus fuerat, et probatum fuit etiam per artificem qui illum depinxerat.*

L'évêque n'hésita plus à interdire l'exhibition de la relique :

quandam figuram sive repræsentationem Sudarii D. N. J. C.
Elle fut enlevée du trésor de l'église et remise sans doute au donateur, qui la conserva durant des années de guerre et de peste. En
1389, Geoffroy II obtint du cardinal Pierre de Thury, envoyé comme
légat à Charles VI, l'autorisation de replacer son Suaire dans
l'église de Lirey et de l'y exposer de nouveau à la vénération des
fidèles ; il se pourvut en outre de lettres confirmatives du roi. Le
nouvel évêque de Troyes, Pierre d'Arcis, s'émut des ostensions trop
solennelles de la relique : d'ailleurs l'indult, obtenu subrepticement,
était nul ; en plein synode, il défendit à ses prêtres de parler du Suaire
de Lirey et interdit aux chanoines, sous peine d'excommunication,
de le montrer. Le doyen en appela au Saint-Siège et continua les
expositions.

Dans l'intervalle, Clément VII avait confirmé l'indult de son légat
et imposé silence à l'évêque. Celui-ci fit révoquer par le roi, le 4 août,
son autorisation antérieure. Mais les chanoines trouvèrent moyen
d'éluder l' « exécution » que voulait opérer le bailli de Troyes et
interjetèrent appel au pape. L'évêque réunit alors une commission de
théologiens et rédigea un mémoire explicite sur la question : le
Suaire de Lirey n'est pas le vrai Suaire de Jésus-Christ, mais
seulement une image ou représentation peinte de main d'homme ; en
outre, les cérémonies qui en accompagnent l'ostension exposent les
âmes faibles et ignorantes au péril d'idolâtrie. Capital dans la
question, ce mémoire est d'une authenticité à défier toute contradic-
tion : j'en ai retrouvé la minute, distraite jadis des archives de
l'évêché de Troyes. Il porte en lui-même des preuves intrinsèques de
sa véracité. L'évêque reprend la fraude des chanoines à son origine
et relate tous les incidents qui ont signalé l'ostension du Suaire sous
son prédécesseur, Henri de Poitiers. Il établit qu'il est libre de toute
passion dans cette controverse, ne poursuivant qu'un but, sauvegarder
la foi du troupeau confié à sa charge. La présomption doit être en sa
faveur : jamais il ne lui viendrait à la pensée de s'opposer à une
dévotion discrète et bien ordonnée. Il s'étonne à bon droit des obsta-
cles qui, de toute part, conspirent pour l'empêcher de remplir les
fonctions de son pouvoir ordinaire, alors qu'on devrait l'encourager.
Loin d'avoir intérêt à combattre l'authenticité du Suaire, il eût été
tout fier que son diocèse possédât une relique de premier ordre.
Pierre d'Arcis était d'ailleurs un personnage considérable : évêque de
Troyes depuis douze ans, il avait été précédemment vicaire général

de son frère, l'évêque d'Auxerre, puis trésorier de l'église Saint-Étienne et juge de la cour épiscopale de Troyes ; rompu aux affaires depuis longtemps, il était fixé sur les incidents auxquels le culte du Suaire avait donné lieu. On a eu la naïveté de lui reprocher de n'avoir point intercalé dans son mémoire la preuve juridique de ses dires : c'est pousser bien loin l'exigence vis-à-vis d'un prélat qui informe le Souverain Pontife d'un fait rentrant dans le ressort de sa juridiction ordinaire. On aura oublié le passage où il se fait fort précisément de fournir la preuve de ses affirmations : *Paratum enim me offero hic in promptu per famam publicam et alias de omnibus supra per me prætensis sufficienter informare...*

Ce mémoire dut parvenir à Clément VII vers la fin de l'année 1389.

De son côté, Geoffroy avait signalé au pape les difficultés que l'évêque suscitait de la part du roi et de ses gens. Pour mettre fin à cette contestation, qui ne pouvait manquer de diviser les esprits dans le diocèse, Clément VII fit expédier simultanément, le 6 janvier 1390, quatre bulles dont j'ai donné le texte intégral en appendice. La première, *ad perpetuam rei memoriam*, relate la plupart des faits précédents et conclut à la légitimité de l'ostension du Suaire, mais interdit les cérémonies incriminées par l'évêque ; de plus, celui qui fera l'exposition devra proclamer à haute et intelligible voix que cette image ou représentation n'est pas le vrai Suaire de N.-S. J.-C., mais seulement une peinture, un tableau qui le figure ou représente : *Ostendens dictam figuram, dum major ibidem convenerit populi multitudo, publice populo prædicet et dicat alta et intelligibili voce. omni fraude cessante, quod figura seu repræsentatio prædicta non est verum Sudarium Domini nostri Jesu Christi, sed quædam pictura seu tabula facta in figuram seu repræsentationem Sudarii, quod fore dicitur ejusdem Domini nostri Jesu Christi.*

Les autres bulles étaient adressées à l'évêque de Troyes, à Geoffroy, sire de Lirey, aux officiaux de Langres, Autun et Châlons-sur-Marne.

Cette série de pièces contradictoires aura déjà fixé avec certitude le lecteur sur la nature de cette relique : c'était une représentation par la peinture du Christ déposé dans le Suaire. Les chanoines de Lirey réclamaient la liberté de l'exposer dans leur église, mais ne soutinrent jamais que ce fût l'original. S'il en eût été autrement, les bulles en auraient fait mention, car on sait l'habitude de la chancellerie pontificale, de relater dans le préambule tous les dires des parties. Les évêques de Troyes s'opposèrent avec persévérance à l'ostension, parce que les cérémonies dont on l'accompagnait étaient de nature, par leur somptuosité, à faire croire au peuple qu'il y avait autre chose qu'une peinture. D'ailleurs, l'authenticité qu'on n'osait proclamer officiellement, on laissait aux *zelanti* le soin d'en répandre l'affirmation : or, on sait si la masse des fidèles est crédule ; une tradition est vite établie.

Ne pouvant nier l'authenticité de ces bulles, dont l'une fait partie des minutes du Vatican et les autres proviennent de sources concordantes, on leur a reproché d'être sans autorité, comme émanées d'un antipape. J'ai dû faire remarquer qu'à l'époque dont il s'agit, il n'y avait pas un pape vrai et un ou plusieurs antipapes. Chacun des pontifes opposés était considéré comme le pape légitime dans son obédience, et celle de Clément VII n'était pas moins considérable que celle d'Urbain VI. Au surplus, à la fin du grand schisme, on ratifia les actes des papes des diverses obédiences.

Durant vingt-huit ans il n'est plus question du Suaire. La France, est désolée par l'invasion étrangère et par la guerre civile : le parti bourguignon domine à Troyes. En 1418, les chanoines de Lirey jugèrent prudent de mettre en sûreté les joyaux de leur collégiale et les confièrent à Humbert, comte de La Roche, seigneur de Villersexel et de Lirey, gendre et successeur de Geoffroy II de Charny. Le 6 juillet, il leur délivra un reçu, où figure : « Ung drap ou quel est la figure ou représentation du Suaire Nostre Seigneur Jesucrist, lequel est en ung coffre armoyé des armes de Charny ». Ces termes sont très formels et ne permettent aucune échappatoire. Il ne s'agit pas dans cet acte de complaire à un ennemi de l'authenticité de la relique, l'évêque de Troyes ou tout autre : en des circonstances pénibles, on ne cherche pas à faire de la diplomatie ; on décrit rapidement les objets comme ils sont et tels qu'on les croit. Pour le petit-fils du donateur et pour les chanoines, le Suaire de Lirey était donc bien une copie et non l'original.

Humbert resta dépositaire du trésor de Lirey jusqu'à sa mort. En 1443, sa veuve, Marguerite de Charny, fut assignée en restitution par le doyen devant le Parlement de Dôle. Elle trouva divers prétextes pour se dispenser de rendre le Suaire et se fit autoriser à le conserver encore durant trois ans, sauf à payer une rente annuelle et une indemnité aux chanoines. Assignée de nouveau, en 1447, devant l'official de Besançon, elle obtint encore un délai. Elle en profita pour colporter le Suaire en divers lieux et bénéficier de la générosité des fidèles. En 1449, nous la trouvons à Chimay, en Hainaut. Le chroniqueur qui renseigne sur cet incident est le bénédictin Corneille Zantfliet, contemporain et réputé très véridique. Marguerite fit exhibition d'un linceul, sur lequel était admirablement peinte la forme du corps de Notre-Seigneur Jésus-Christ, avec les moindres traits des membres, les plaies du côté, des mains et des pieds sanguinolentes comme si les blessures étaient récentes : *Quoddam linteum, in quo egregie miro artificio depicta fuerat forma corporis Domini nostri Jesu Christi, cum omnibus lineamentis singulorum membrorum, tamquam ex recentibus vulneribus et stigmatibus Christi pedes et manus et latus videbantur rubore sanguinolento intincti.* Pour augmenter la dévotion populaire, certains affirmaient que ce Suaire était véritablement celui dont Nicodème et Joseph d'Arimathie avaient enveloppé le corps du Sauveur dans le sépulcre, etc. (*et cœtera talia*). Il se faisait un concours énorme de gens de tout sexe, accourus des provinces voisines. Le bruit de cette exhibition arriva jusqu'aux oreilles du vénérable évêque Jean de Heinsberg, qui occupait le siège de Liège depuis quarante ans. Ému des sentiments opposés qui divisaient à ce sujet les fidèles confiés à sa charge pastorale, il délégua deux renommés professeurs en théologie, le cistercien Thomas, abbé d'Aulne, et maître Henri Bakel, chanoine de sa cathédrale. Après s'être livrés à une consciencieuse enquête, ils demandèrent à Marguerite de leur montrer les indults ou bulles qui l'autorisaient à exhiber ainsi cette peinture *(effigiem)* ou linceul *(linteum)* et qui confirmaient ses dires. Ainsi acculée et n'osant résister, elle fit voir trois bulles du pape Clément VII et un indult du cardinal légat Pierre de Luna (*sic*), qui témoignaient expressément que ce linge n'était pas le vrai Suaire de Jésus-Christ, mais une représentation ou figure (*dumtaxat repræsentationem aut figuram*). Zantfliet a donné le texte complet (sauf la finale) de l'une de ces bulles ; elle est parfaitement conforme à celles que j'ai recueillies dans d'autres manuscrits, et certifie à la fois la parfaite authenticité de tout le dossier et la créance que mérite le chroniqueur. Son récit a peut-être même une plus grande portée que le mémoire de Pierre d'Arcis. Il émane d'un étranger, absolument désintéressé dans la rivalité supposée entre la cathédrale de Troyes et la collégiale de Lirey. La mention des plaies quasi saignantes ne peut s'expliquer que par une peinture.

En tout cas, cette chronique et le récépissé de 1418 sont bien gênants pour les défenseurs de l'authenticité du Suaire de Turin : le P. Sanna Solaro, qui a pillé tous mes documents, s'est bien gardé de les reproduire ; M. Vignon n'en souffle mot dans son chapitre final.

Le 18 octobre de cette même année 1449, les bons chanoines consentirent, devant le prévôt de Troyes, un nouveau sursis : ils ne devaient plus revoir leur relique. Elle avait pris ou allait prendre le chemin de la Savoie : Marguerite en fit don, à Chambéry, au duc Louis et à sa femme, Anne de Lusignan. Pour date, tous les tenants de l'authenticité indiquent le 22 mars 1452 comme celle d'un acte de donation en règle, dont j'ai fait vainement chercher la trace à Turin et ailleurs. La mention suivante, relevée à la fin d'un Missel jadis aux Oratoriens de Chalon-sur-Saône, la rend impossible : *Anno Domini MCCCCLII, xiii mensis septembris, ad instantiam et requestam Symoneti Denis, [castellani de Germolis], Sudarium Christi, ubi fuit involutus in monumento, in dicto castello de Germolis ostensum fuit coram populo* (Biblioth. de Carpentras, n° 91). Ce Suaire, est-il besoin de le démontrer, ne peut-être que celui de Lirey. La petite localité de Germolles, située dans l'arrondissement de Mâcon (Saône-et-Loire), dut être une des étapes du voyage de Marguerite à Chambéry : elle n'avait donc pas livré sa relique à la date du 13 septembre 1452. Serait-il possible de tout concilier, en reportant l'acte du 22 mars 1452 à l'année 1453 nouveau style ? non : l'usage de prendre le commencement de l'année à Noël et non à Pâques ou à l'Incarnation, est universel en Savoie à cette époque et ne souffre pas d'exceptions. Comment les historiens ont-ils été amenés à alléguer une date précise à la donation ? le voici probablement. Il existe un acte, daté de Genève le 22 mars 1453 (en toutes lettres), par lequel le duc Louis inféode à sa parente, Marguerite de « Cherny », comtesse de la Roche, le château et mandement de Miribel, mais il n'y est nullement question du Suaire, non plus que dans une autre inféodation à la même du château et mandement de Flumet, faite à Chambéry le 11 avril 1455.

Bernés — qu'on me passe le mot — depuis près d'un demi-siècle, les chanoines de Lirey perdirent patience : ils firent excommunier, comme débiteurs de mauvaise foi, Marguerite et son secrétaire (1457). Elle mourut en 1460, sans avoir restitué le Suaire ni payé les sommes pour lesquelles elle-même ou ses « pleiges » s'étaient engagés. Déçus sans espoir de ce côté, les gens de la collégiale se retournèrent vers le duc de Savoie, détenteur de leur relique. A lui non plus les promesses ne coûtèrent pas : par acte solennel, daté de Paris le 6 février 1464, il promit aux chanoines une rente de 50 francs d'or à toucher sur les revenus du château Gaillard, en échange de tous leurs droits sur la Suaire. Mais il était écrit que l'histoire de cette relique fameuse serait une longue violation de deux grandes vertus, la justice et la vérité. De la rente promise les chanoines ne touchèrent jamais un sol, malgré des réclamations réitérées, en 1473 au duc Philibert le Chasseur, avant 1482 à son oncle par alliance, le roi de France Louis XI.

Sans poursuivre l'histoire du Suaire jusqu'à nos jours, je me bornerai à préciser le moment où il commença à être tenu pour authentique dans des documents *officiels*. Il fut déposé, dès l'abord (en 1453), dans l'église des Franciscains de Chambéry. En 1466, Amédée IX faisait construire dans la forteresse de Chambéry une somptueuse chapelle, destinée, dans la pensée constante des souverains de la Savoie, à servir de cathédrale et de siège à un archevêché. C'est là qu'en attendant cette création, on conserva et vénéra l'image du Suaire. Pour commencer, le duc sollicita du Saint-Siège l'érection de cette chapelle en collégiale. Par bulle du 21 avril 1467, Paul II autorisa le duc Amédée et la duchesse Yolande de France à ériger dans leur château de Chambéry une chapelle, *quæ collegiata sit et capella ducalis nuncupetur*, où ils se proposent de conserver de fort précieuses reliques *(pro conservatione quarundam pretiosissimarum reliquiarum)*. Cette pièce, dont on a le texte complet d'après les archives de Turin, est absolument muette à l'égard du saint Suaire. Rien non plus de l'insigne relique dans les bulles de Sixte IV des 15 septembre et 1er octobre 1472 et du 21 mai 1474, qui concernent les dignités de la nouvelle fondation. Elle figure au premier rang dans l'*Inventaire des reliques, meubles et ornements de l'église de la Sainte-Chapelle du château de Chambéry*, dressé le 6 juin 1483 : *Primo quidem, sanctum Sudarium, existens in una cassa coperta velluto cramesino, munito cum clavis argenteis deauratis ; quod quidem Sudarium est in dicta capella sancta castri Chamberiaci.*

De nouvelles bulles des papes Sixte IV (1480), Jules II (8 janvier et 25 avril 1506) et Léon X (7 août 1518) enrichirent d'indulgences le pèlerinage, la confrérie, l'office et la fête (4 mai) en l'honneur du Saint Suaire, successivement établis dans la Sainte-Chapelle de

Chambéry. La tradition d'un culte public et autorisé s'affirma bientôt et alla en s'accentuant ; celle qui prévaut actuellement ne saurait remonter plus haut : les documents résumés dans les pages qui précèdent le lui interdisent. Elle ne remplit donc en aucune façon les conditions formulées par le comte Riant pour qu'une relique insigne de la Passion puisse être qualifiée originale et authentique.

Plus développées, mais moins corroborées qu'elles ne le sont ici, mes conclusions sur la modernité du Suaire de Lirey-Chambéry-Turin obtinrent, l'année dernière, l'assentiment de l'Académie des inscriptions et belles lettres, qui, par une bienveillance excessive, récompensa d'une médaille de 1,000 francs une brochure de 120 pages, reconnaissant dans ce mémoire, au dire du président, « un modèle de saine critique et de ferme bon sens ». A moins d'un an de distance, le 25 avril dernier, M. Léopold Delisle, dont la Société de l'Histoire de France vient, conjointement avec l'École des Chartes, de fêter le cinquantenaire glorieux, a entretenu de nouveau de la question du Suaire l'Académie des Inscriptions. Après avoir rappelé l'opinion qu'il avait eu l'occasion d'exprimer dans le *Journal des Savants* en septembre 1900 sur la valeur de mes arguments, auxquels les Bollandistes ont donné leur adhésion, il a ajouté : « A la demande de plusieurs de mes confrères, je crois devoir déclarer que ces arguments me paraissent avoir conservé jusqu'ici leur valeur ». Je suis profondément touché de cette manifestation collective, à laquelle je n'aurais jamais osé m'attendre. Elle s'est produite à la séance qui a *suivi* celle de l'Académie des sciences, où M. Vignon a donné au public le résumé de ses théories par l'organe de M. Delage. Celui-ci a été écouté avec le respect commandé par sa qualité de membre de l'Académie et avec l'intérêt qu'inspirait le sujet traité. Mais quand M. Delage a demandé qu'une commission fût nommée pour examiner le travail de M. Vignon et pour solliciter du roi d'Italie l'autorisation de voir de près le Suaire de la cathédrale de Turin, au bureau on a refusé d'entrer dans cette voie ; on a, en outre, décidé d'inscrire seulement au compte rendu la partie de la note de M. Vignon relative à ses recherches physico-chimiques (*Journal officiel*, p. 2980).

J'avais, dès le début, offert de prendre comme arbitres dans cette question passionnante : au point de vue historique, les Bollandistes et l'Académie des Inscriptions ; pour le côté scientifique, l'Académie des sciences. Les deux premiers de ces corps savants m'ont approuvé sans réserve ; le troisième a refusé d'autoriser de son nom mes adversaires. Je ne saurais dissimuler que, grâce à une campagne de presse habilement menée, avant même l'apparition du livre : *Le Linceul de Jésus*, les journaux ont, en immense majorité, pris position en faveur de la thèse de M. Vignon, à l'encontre de ma thèse documentaire, que la plupart ignorent. La parole est aux hommes de science ; j'ai pleine confiance que des physiciens émérites démontreront l'inanité d'une série d'hypothèses, dont pas une n'a été vérifiée ni sur l'objet en question (le Suaire de Turin) ni sur un sujet (analogue au Christ mort). Une vérité historique, établie conformément aux règles de la critique, ne saurait être contredite par un fait d'ordre scientifique : celui-ci aura été mal observé.

P.-S. — Le collaborateur scientifique de mon *Étude critique*, M. Hippol. Chopin, vient de justifier la pensée qui termine l'article ci-dessus. En relisant attentivement la description du Suaire par les Clarisses de Chambéry qui le réparèrent en 1534, il s'est convaincu que l'étoffe, telle qu'elle s'est offerte aux regards de tous et que la photographia M. Pia en 1898, est placée à l'envers. Après avoir dit que les images se voyaient par dessous presque aussi bien que par dessus, elles précisent que la main gauche, très bien marquée, était croisée sur la droite, que la joue droite était toute gonflée et qu'une grosse goutte de sang tachait le front gauche. Or, sur l'image que l'on donne comme un positif, les mains et les plaies ont bien cette disposition, qui est l'inverse de ce que porte l'original dans sa position actuelle. Donc les conjectures formulées sur sa nature tombent toutes en présence de cette constatation, et il ne sera plus permis de parler du Suaire avant d'avoir examiné le bon côté ou l'endroit. Donc il avait été « mal observé ».

IMPRIMERIE CATHOLIQUE. — G. LESCGER-MOUTOUÉ, IMP., RUE DE LA PRÉFECTURE, PAU.